小学生のための音楽劇・物語集

音楽劇
スーホの白い馬
斉唱版＆合唱版

音楽劇
魔界とぼくらの愛戦争

中山真理／作詞・作曲

音楽之友社

はじめに

　子どもたちは、「おままごと」や「〜ごっこ」の類が大好きです。なぜ彼らは変身願望に満ちているのでしょう。それはたぶん、その豊かな想像力の賜だと思います。もっと言えば、彼ら自身はその時、「変身」しているつもりなどなく、「すっかりそのものになっている」のです。そして、様々なキャラクターを自在に表現すること自体を楽しんでいるわけです。子どもたちと劇活動をしていると、同じ根っこを見いだすのです。それはたくましい想像力に基づく、自由奔放でとてつもない未知の世界です。「あの子がこんなことを！」という発見の連続です。それは演技に現れる場合もあれば、気付きや発言に見られる場合もあります。別物になりきったがために、内なるその子の感性がむっくりと顔を出すので、本人さえもそのことに驚いたりもします。歌声が劇的に変わることも往々にしてあります。

　つまり、私の考える劇活動というのは、はじめに発表会ありきで、逆算された日々の猛練習ではありません。極端に言えば、発表などなくてもいい。完成などなくてもいい。演じる活動そのものの中で、子どもたちが学べることがたくさんあるからです。他者理解、共感、そして自己への投影。それらを価値付け、意味付けるのが教師の役割です。歌声が変わるときとは、まさに「その子の内面が変わる」ときなのです。演じ、歌いながら自分の生き方を考えたり、友だちとかかわりながら他者に思いを伝えようとしたりする、音楽劇の活動の魅力を多くの子どもたちが味わえることを祈っています。

　　　　　　　　　　　　　　2009年2月　中山真理

2	はじめに	

音楽劇『スーホの白い馬』斉唱版＆合唱版
（中山真理／作詞・作曲）

4	指導のために　中山真理	
	作品について／斉唱版と合唱版／演奏のポイント／指導のポイント	

［斉唱版］

6	M.1	「スーホの白い馬」
10	M.2	「ゆみやは うなりをたてて」
11	M.3	「かなしくて くやしくて」

［合唱版］

14	M.1	「スーホの白い馬」
18	M.2	「ゆみやは うなりをたてて」
19	M.3	「かなしくて くやしくて」
22	台本	

＊上演時間は約15分。

音楽劇『魔界とぼくらの愛戦争』
（中山真理／作詞・作曲）

29	指導のために　中山真理	
	作品について／演奏のポイント／指導のポイント	
31	M.1	「じゃんじゃん捨てよう」
33	M.2	「ゆっくりと じっくりと」
34	M.3	「どうせ地球なんて」
36	M.4	「おそすぎないうちに」
39	台本	

＊上演時間は約23分。

この曲集と同名のCDが日本ニロムビア株式会社から発売されています。CD番号 TDCS-0047
この著作物の全部または一部を無断で複製（コピー）することは、著作権の侵害にあたり、著作権法により罰せられます。

音楽劇『スーホの白い馬』指導のために　／中山真理

●作品について

　そもそもこの作品のきっかけは、勤務校で学習発表会なるものが行われるというので、子どもたちの学びをどんな形で発表しようかと夏休み前に先生方で悩んだことでした。
　「低学年だから、かわいいわねーっていうだけでもいいんじゃない？」「やっぱり低学年の子どもたちには、参観者の心に訴えかけるような発表は無理なのかしら」「でも、できたら親御さんを泣かせるくらいの感動を味わわせてみたいのにねえ」と語り合ったときに、それにはまず、発表者である子どもたち自身が、心を揺さぶられるような感動体験をしなくちゃだめだよね、という話になったのです。かといって、日頃の学習からあまり逸脱したことはやりたくない、普段の学びの延長上にそんなものが生まれるような活動は何だろうと。そして丹念に教科書を読み解きながら、「これだ」ということになったのがこの『スーホの白い馬』の音楽劇化でした。夏休みに曲を起こし、台本を書いて、9月から国語科で読み、音楽科で歌い、という活動が始まったのです。
　さて、子どもたちにこの物語から感じ取らせたいことは何でしょう。殿様はいばっていて悪い、白い馬は殺されてかわいそう、という表面的な感想のみに陥ることない、「読み」の力を育てたいのです。スーホと馬との出会いの場面に流れる、心がほわっと温かくなる何とも言えない幸せな気持ち。そして両者の心の通い合いへの感動。それに反してスーホと殿様とのなんと心のかみ合わないジレンマ、悔しさ。ラストの、白い馬のけなげな姿……。
　「スーホのそばに　いつまでもずっと　いられるから」と、馬頭琴への転生を訴える白い馬の歌声が、どれほどのインパクトをもって子どもたちの心に落ちるかは、子どもたちがこの物語に、どこまで感情移入しながら読み進められるかに、かかっています。
　蛇足ながら、この作品の初演であった学習発表会では、2年生のかわいらしい子どもたちが、凛として独唱をし、客席からはハンカチを取り出す姿がそこここに見られ、それを見た子どもたちも途中からは涙を浮かべながら歌に加わってのフィナーレとなりました。
　それは私たち教員の願いが実現した、うれしい瞬間でもありました。そして新たに分かったことは、「低学年でもこんな活動ができるんだ」ではなく、「低学年だからこそ、こんなにピュアでほほえましい表現が生み出す感動があるんだね」ということでした。

●斉唱版と合唱版

　『スーホの白い馬』のお話が低学年の国語科の教科書に掲載されていることもあり、低学年での活動を想定しましたので、当初歌はすべて単旋律で書きました。けれどもこの音楽劇をご紹介させていただいた後に、いろいろな学校や合唱団の方から、ぜひ合唱で演奏したいというご要望を多くいただきましたので、今回は合唱版も書き下ろしました。『スーホの白い馬』のお話は、少し学年の大きな子どもたちにも充分魅力的であるようです。またその表現も、学齢に応じて様々な広がりを見せるとのこと、大変うれしく受け止めています。

●演奏のポイント

　それぞれの挿入歌をつくるにあたっては、拍子やテンポ、調性など、なるべく色合いの異なるものを工夫してみました。子どもたちは、特に低学年であればなかなかひとつの曲だけを聴いて「どんな感じ

の曲ですか」と問いかけても、答えにくいものです。まずは全ての曲を紹介し、曲想を比較聴取することによって、歌の表す気持ちを充分に感じ取れるようにしてください。

　1曲目の「スーホの白い馬」の歌は後半に高音域が出てきますが、自然で無理のない発声を心がけ、優しい気持ちで歌えるようご指導ください。

　次の「ゆみやはうなりをたてて」は、緊迫感を醸し出せるようにするため、あえて語頭に摩擦音を多用しています。子音をたてて、鋭さを強調してください。全体に口形を縦気味、深めに意識すると、「スーホの白い馬」の曲との曲想の違いがうまくあらわれると思います。

　次の「かなしくてくやしくて」は、スーホと白い馬の語り合いになっています。テンポの変化を工夫するとともに、歌い方についても、スーホは人間の生々しい悲嘆、白い馬はエンジェルボイスをイメージするようにすると、自然と対比が生まれてくると思います。

　エンディングの「スーホの白い馬」ではぜひカーテンコールを工夫していただいて、華やかに幕を引いていただければと思います。

● 指導のポイント
　歌とともに、作品紹介の項でも述べましたが、この物語の世界を読み味わう時間が大切です。国語科教材としてこのお話を扱う場合には、国語科の指導書を参照されるのが一番よいかと思います。そうでない場合は、絵本を見せながらの読み聞かせが効果的なようです。挿し絵を見ながらの子どもたちのつぶやきに耳を傾け、疑問に答えたり、素朴な感想に共感したりしたいものです。そしてぜひ、子どもたちといっしょに、広い草原やスーホのキャラクター、競馬大会の様子や傷つき戻ってくる白い馬など、この物語のイメージをたくさんふくらませてください。

　さらに、近隣諸外国の文化に触れるという学習活動を盛り込んでもいいかと思います。モンゴルは昨今、力士の皆さんの活躍によって身近になっていますから、どんな国なのかを知ることも大切です。馬頭琴も、このごろはかなりのCDが手に入りますから、いろいろ聴き比べ、音楽劇の様々な場面のBGMを選び取り、馬頭琴の鑑賞活動をかねて、CDをかけながら上演するのも楽しい活動になると思います。

　また、「殿様登場の音楽」「競馬大会の様子を表す音楽」など、子どもたちと音づくりをして、音を担当する子と、演技をする子とで合わせたりすると、その場面によりふさわしくしようとして、奏法や速度、強弱に工夫が生まれていきます。こういった活動を音楽科の学習の発展として取り入れるのも意義あるものと思います。

ゆみやは うなりをたてて

（斉唱）

作詞・作曲　中山真理

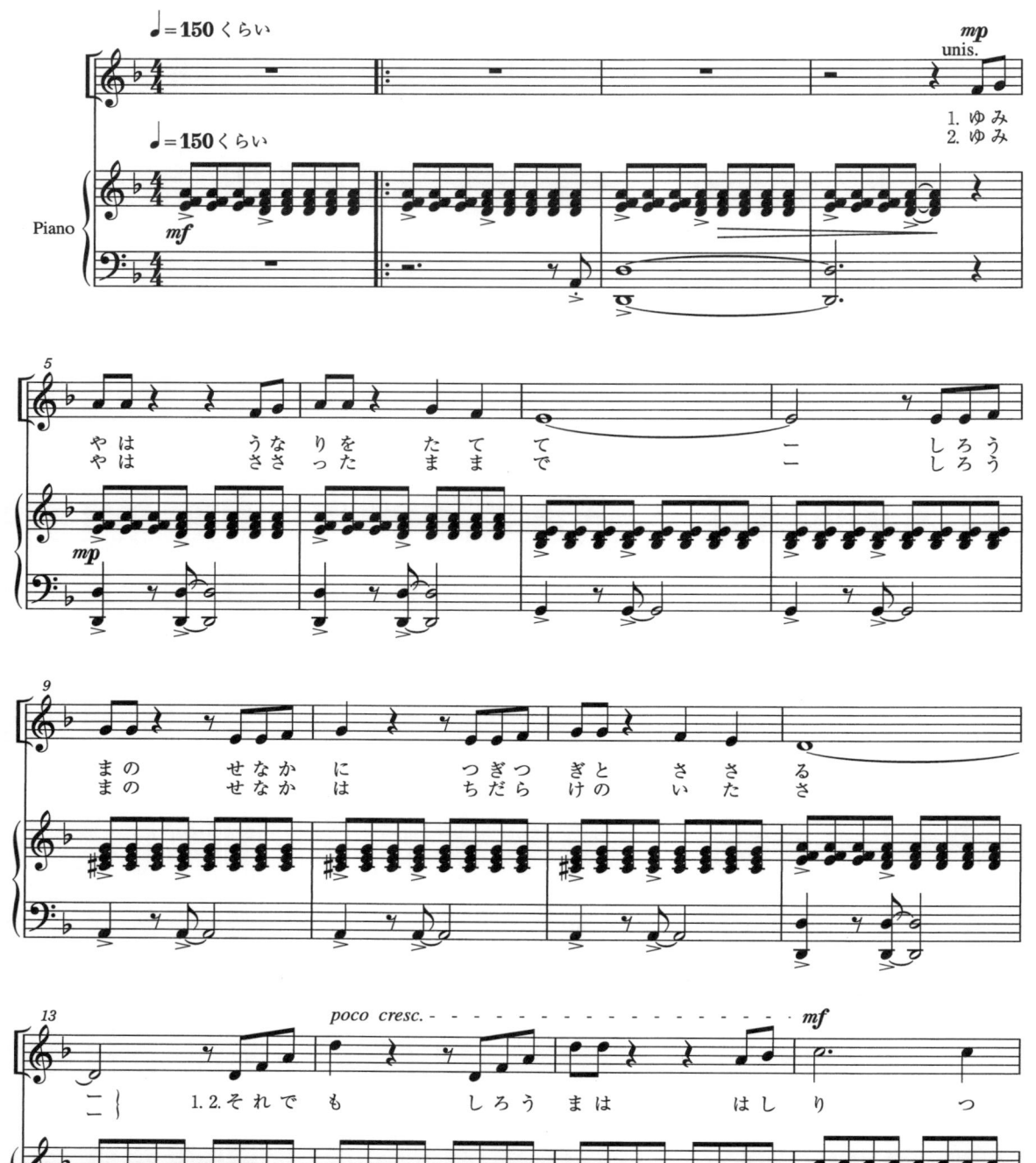

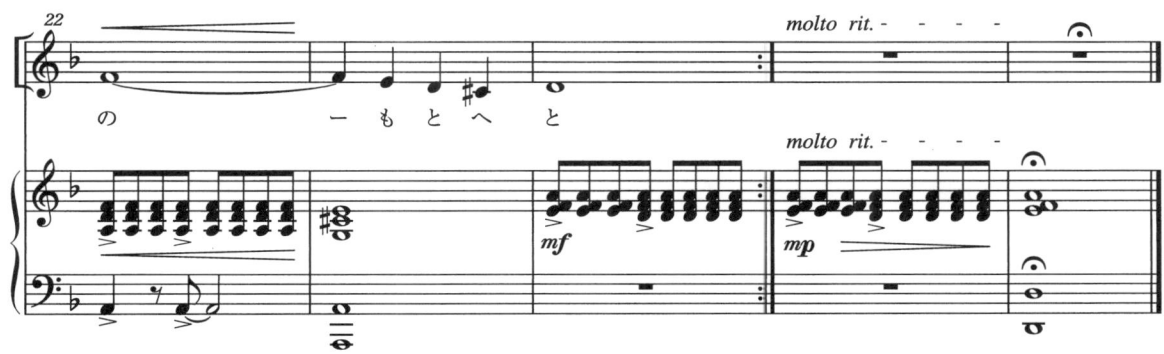

音楽劇『スーホの白い馬』《M.3》

かなしくて くやしくて
(ソロ＋斉唱)

作詞・作曲　中山真理

© 2005 by ONGAKU NO TOMO SHA CORP., Tokyo, Japan.

音楽劇『スーホの白い馬』《M.2》

ゆみやは うなりをたてて
(二部合唱)

作詞・作曲　中山真理

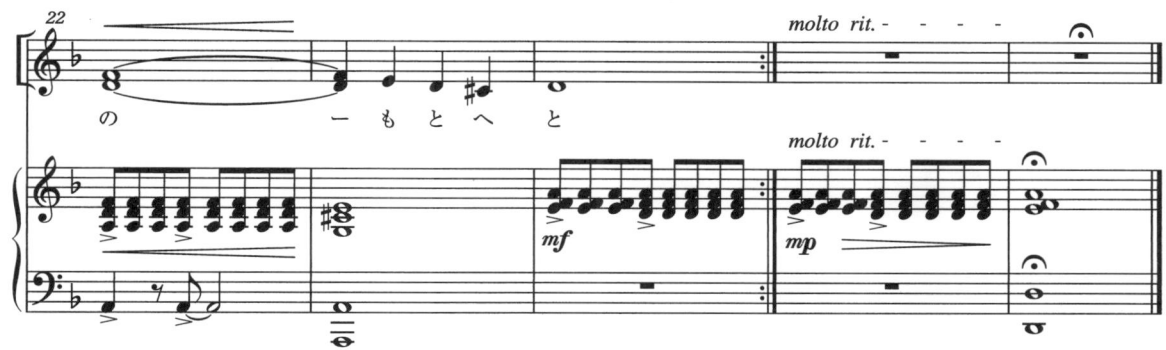

音楽劇『スーホの白い馬』《M.3》

かなしくて くやしくて
(ソロ＋部分三部合唱)

作詞・作曲　中山真理

© 2005 by ONGAKU NO TOMO SHA CORP., Tokyo, Japan.

> 音楽劇
> # 『スーホの白い馬』（全三幕）
> 台本・作詞・作曲：中山真理
>
> 〈キャスト〉
> スーホ／白い馬／おばあさん
> ひつじかい1／ひつじかい2／ひつじかい3
> ひつじ1／ひつじ2／ひつじ3／おおかみ
> とのさま／けらい1／けらい2／けらい3／けらい4／けらい5／けらい6
> ナレーター1／ナレーター2／ナレーター3／ナレーター4

★ 第一幕　［スーホの家］

ナレーター1	中国の北、モンゴルには、ひろい草原がありました。
ナレーター2	そこに　住む人たちは、むかしから、ひつじや牛や、馬を　かっていました。
ナレーター3	このモンゴルに、馬頭琴というがっきが　あります。
ナレーター4	がっきの　いちばん上が、馬の頭のかたちをしているので、馬頭琴というのです。
ナレーター1	では　どうして　こんな　がっきができたのでしょう。
ナレーター2	それには　こんな　お話があるのです。
ナレーター3	むかし、モンゴルの　草原に、スーホという、まずしい　ひつじかいの　少年がいました。
ナレーター4	スーホはおばあさんと、ふたりきりでくらしていました。

●

おばあさん	（あちこちさがしながらでてくる）スーホ！　スーホ！

（ひつじかいたち，おばあさんにむかってあるいてくる）

ひつじかい1	おばあさん、どうしたんだね。
おばあさん	もうとっくに日がしずみ、暗くなってきたというのに、まだスーホが帰ってこないんだよ。
ひつじかい2	そりゃあ心配だ。
ひつじかい3	わしらもあたりをさがしてみるよ。
ひつじかい全	（あちこちさがしながら）スーホ！　スーホ！
スーホ	（ひつじをつれ、子馬をだいて走ってくる） おばあさん、ただいま。おそくなってごめんなさい。
おばあさん	スーホ！　いったいどうしたんだい。
スーホ	（うれしそうに）これを見てよ。
ひつじかい1	こりゃあ、白い子馬じゃないか。
ひつじかい2	まだ、生まれたばかりのようだよ。
ひつじ1	帰るとちゅうで見つけたんだ。

ひつじ2	地面にたおれて、もがいていたんだよ。
ひつじ3	でも、持ち主も、かあさん馬も、見あたらないんだ。
ひつじかい3	それじゃあ、ほうっておいたら、夜になって、おおかみにくわれちまうところだったよ。
スーホ	そうだろ？ だからぼくがつれてきたんだ。ねえ、かってもいいでしょう？
おばあさん	ああ、いいとも。かわいがっておやり。
スーホ	ありがとう、おばあさん。

《M.1》歌「スーホの白い馬」

（全員）　　スーホがこころをこめて
　　　　　せわをした　子馬
　　　　　りっぱに　げんきに　そだちました

　　　　　からだはゆきのように
　　　　　しろく　きりっと
　　　　　はしるすがたも
　　　　　ひきしまっていました
　　　　　だれもがおもわず　見とれました

　　　　　スーホは　この馬が　かわいくて
　　　　　あさから　ばんまで
　　　　　いっしょでした

　　　　　スーホの　スーホの
　　　　　白い馬

　　　　　（うなり声や、あわてているおと）

スーホ	（ねどこからおきあがって）なんだろう。やけにおもてがさわがしいな。 （おもてに出る）
ひつじ1	こわいよ，こわいよ。（なく）
ひつじ2	おおかみだよ。（なく）
ひつじ3	たべられちゃうよ。（なく）
白い馬	（ひつじのまえで、かばうように）だいじょうぶ。ぼくがまもってあげるからね。
おおかみ	なまいきな、白い馬め。おまえもくってやる。（おそいかかる）
白い馬	（ひっしにおしもどしながら）ひつじたちに、てをだすな。とっとと帰れ。
スーホ	（走ってくる）だれだだれだ。うちのひつじをおそうやつは。これでもくらえ。 （きのえだをなげる）

おおかみ	まずい、にんげんだ。ここはいったんにげるとするか。
	（にげていく）

スーホ	だいじょうぶか、おまえ。こんなにあせだらけになって。
白い馬	スーホのだいじなひつじを、まもろうとおもって、ひっしだったんだ。ああ、よかった。
ひつじ1	きみがいなかったら、いまごろどうなっていたか。
ひつじ2	きみのおかげでたすかったよ。
ひつじ3	ほんとうにありがとう。
スーホ	よくやってくれたね。けがはないかい。さあ、ゆっくりおやすみ。
	（ひつじと馬、とこにつく）
	（スーホ、帰っていく）

●

ナレーター1	月日は　とぶように、すぎていきました。
ナレーター2	ある年の　春、しらせがつたわってきました。
ナレーター3	とのさまが、町で、けいば大会を　ひらくというのです。
ナレーター4	一とうに　なった者は、とのさまのむすめと、けっこんできるのです。

（ひつじかいたちと白馬をつれたスーホ、話しながらあるいてくる）

ひつじかい1	スーホ。おまえの白馬に乗って、けいばに出てごらんよ。
ひつじかい2	そうだよ。スーホならきっとかてる。
ひつじかい3	なにしろ、馬とのいきは、ぴったりだからなあ。
スーホ	……うん、ぼく、やってみる。けいば大会に出てみるよ。
白い馬	さあスーホ、ぼくのせなかにおのり。町までひとっ走りだ。
スーホ	じゃあ、いってきます。（さる）
ひつじかい全	いってらっしゃーい。（てをふる）

《M.1》歌「スーホの白い馬」

　　　　（全員）　　スーホがこころをこめて
　　　　　　　　　せわをした　子馬
　　　　　　　　　りっぱに　げんきに　そだちました

　　　　　　　　　からだはゆきのように
　　　　　　　　　しろく　きりっと
　　　　　　　　　はしるすがたも
　　　　　　　　　ひきしまっていました
　　　　　　　　　だれもがおもわず　見とれました

　　　　　　　スーホは　この馬が　かわいくて
　　　　　　　あさから　ばんまで
　　　　　　　いっしょでした

　　　　　　　スーホの　スーホの
　　　　　　　白い馬

第二幕　［とのさまの町］

　　　　　　　　　（とのさまをかこむようにけらいたち）
けらい1　　　（あたりによびかけるように）これより、けいば大会をはじめる。
けらい2　　　さんかする者は、馬にのってならべ。
けらい3　　　よし、ではスタートだ。いちについて、よーい、どん。
　　　　　　　　　　●
とのさま　　わしのむすめむこは、はやく、馬で走れる者が、いいのだ。
　　　　　　　（とおくをながめるようにして）どれ、いちばんはやいのは、どの馬じゃ。
けらい4　　　おとのさま、ごらんください。
　　　　　　　（とおくをゆびさして）白い馬が一とうです。
けらい5　　　ほんとうだ、白い馬だ。なんとはやくて、うつくしい。
けらい6　　　一とう、スーホの白い馬。
とのさま　　（うれしそうに）これ、スーホとやらを、ここにつれてまいれ。
けらい123　ははあ。（スーホと馬をつれてくる）

とのさま　　（がっかりして）なんとこれは、きたならしい、ひつじかいではないか。
けらい4　　　とのさまのむすめのむこになど、とんでもないぞ。（みな、うなずく）
けらい5　　　おまえには、ぎんかを三まいくれてやる（ぎんかをなげつける）
けらい6　　　その白い馬をおいて、さっさと帰れ。（せなかをおして、おいはらおうとする）
スーホ　　　（ふりむいて）わたしはけいばにきたのです。馬を売りにきたのではありません。
とのさま　　なんだと。わしにさからうのか。者ども、やってしまえ。
けらいたち　ははあ。
　　　　　　　（けらい1・2・3、スーホをぶつまね。
　　　　　　　けらい4・5・6は、白い馬をおさえつける。スーホはぐったりしてたおれる）

白い馬　　　（かなしそうに）スーホ！　スーホ！
とのさま　　馬はつれていくぞ。さあ、わしはもう帰るぞ。（あるきだす）
けらい123　ははあ。（とのさまについていく）

スーホ　　　　（くるしそうにからだをおこしながら）まって、まってください、おとのさま。
　　　　　　　ぼくの白い馬をつれていかないで。おねがいです。おねがいです。（ちからつきてたおれる）
　　　　　　　　●
ナレーター1　　きずだらけの　スーホは、友だちに　助けられて、なんとか、うちに帰りました。
ナレーター2　　何日かたつと、きずはなおってきましたが、
　　　　　　　馬をとられたかなしみは、きえることは　ありませんでした。
ナレーター3　　ところで、馬を　てにいれた　とのさまは、うれしくてたまりませんでした。
ナレーター4　　みんなに　見せびらかしたくて、おきゃくを　たくさん　よびました。

　　　　　　　（とのさまをかこんでけらいたち）
とのさま　　　白馬を、きゃくに見せてやるぞ。すぐつれてまいれ。
けらいたち　　ははあ。（白い馬をつれてくる）
とのさま　　　どれ、わしがのってやろう。それ、走れ。
白い馬　　　　おまえなんかにのられてたまるか。えい。（からだをそらす）
とのさま　　　（馬からおちて）いたたた。なにをするんだ。
白い馬　　　　（いそいで）チャンスだ。にげよう。スーホが、きっとまってる。（走りさる）
とのさま　　　（こしをさすりながら）はやくあいつをつかまえろ。つかまらないなら、ゆみやでころしてしまえ。
けらいたち　　ははあ。（やをいる）

《M.2》歌「ゆみやは　うなりをたてて」

　　　　　　（全員）　　ゆみやは　うなりをたてて
　　　　　　　　　　　白馬の　せなかに
　　　　　　　　　　　つぎつぎと　ささる

　　　　　　　　　　　それでも　白馬は
　　　　　　　　　　　走りつづけた
　　　　　　　　　　　だいすきな　だいすきな
　　　　　　　　　　　スーホのもとへと

　　　　　　　　　　　ゆみやは　ささったままで
　　　　　　　　　　　白馬の　せなかは
　　　　　　　　　　　ちだらけの　いたさ

　　　　　　　　　　　それでも　白馬は
　　　　　　　　　　　走りつづけた
　　　　　　　　　　　だいすきな　だいすきな
　　　　　　　　　　　スーホのもとへと

第三幕　［スーホの家］

　　　　　　　　　　（スーホ、ねどこについている。カタンという、ノックのような、ものおと）
スーホ　　　　（おきあがって）だれ？
　　　　　　　（とぐちをあけて）……おまえ！
　　　　　　　（何本もやがささっている白馬に、びっくりして声が出ないようす）
白い馬　　　　（くるしそうに）スーホ…！　帰ってきたよ。あいたかったよ。
スーホ　　　　ぼくだって、どんなにあいたかったか……。けどおまえ、そのからだはいったいどうしたんだい。
白い馬　　　　とのさまのいうことをきかなかったから、とのさまのけらいが……。
スーホ　　　　なんてひどいことを。いますぐぬいてやるからね。（やをぬこうとする）
白い馬　　　　（いきたえだえに）スーホ、ぼくはもうだめだ……。
　　　　　　　でも、さいごに、きみにあえてよかった……。
　　　　　　　ぼくのことを　かわいがってくれた　きみに、もういちどあえて……。
　　　　　　　ありがとう、スーホ。たのしかったよ……。（たおれる）
スーホ　　　　（白馬のからだをゆすりながら）だめだよ！　だめだよ！　せっかく帰ってこれたのに！
　　　　　　　もうどこにもいかせないから！　ずっとそばにいるから！
　　　　　　　だから、死んじゃいやだ！　死んじゃいやだあ！

《M.3》歌「かなしくて　くやしくて」

　　　　　　（スーホ）　　かなしくて　くやしくて
　　　　　　　　　　　　ぼくは　どうしていいのかわからない
　　　　　　　　　　　　ねえ　ぼくがねむったら
　　　　　　　　　　　　ゆめで　あえるかい
　　　　　　　　　　　　ゆめでも　いいから　もういちど
　　　　　　　　　　　　きみに　あいたい

　　　　　　（白い馬）　　スーホ　そんなに　かなしまないで
　　　　　　　　　　　　ぼくのほねや　かわで
　　　　　　　　　　　　がっきを　つくってね
　　　　　　　　　　　　そしたら　ぼくは　スーホのそばに
　　　　　　　　　　　　いつまでも　ずっと　いられるから

　　　　　　（スーホ）　　かなしみも　くやしさも
　　　　　　　　　　　　ぼくはがっきをつくってわすれるよ
　　　　　　　　　　　　ねえ　ぼくがうたったら
　　　　　　　　　　　　きみも　うたってね
　　　　　　　　　　　　たのしいあのころ　もいちど

　　　　　　　おもいだして

（全員）　スーホの　白い馬は
　　　　　ばとうきんに　なって
　　　　　いまも　こころに　いきつづける

《M.1》歌「スーホの白い馬」

（全員）　スーホがこころをこめて
　　　　　せわをした　子馬
　　　　　りっぱに　げんきに　そだちました

　　　　　からだはゆきのように
　　　　　しろく　きりっと
　　　　　はしるすがたも
　　　　　ひきしまっていました
　　　　　だれもがおもわず　見とれました

　　　　　スーホは　この馬が　かわいくて
　　　　　あさから　ばんまで
　　　　　いっしょでした

　　　　　スーホの　スーホの
　　　　　白い馬

［完］

　　　　　注　台本と歌詞は、『スーホの白い馬』（大塚勇三再話・福音館書店）に取材した。（音楽はオリジナル作品です）

音楽劇『魔界とぼくらの愛戦争』指導のために　／中山真理

●作品について

　この音楽劇の原作との出会いは、今から10年以上も前になります。それは当時勤務していた学校に保管されていた、更紙に手書きの台本の印刷物でした。たぶん、学芸会か何かでお使いになったのでしょうね。以前に勤められていた方のオリジナルでしょうか、何かの作品からの引用でしょうか、いろいろと手を尽くしたのですが、原作者にたどり着くことができず、お許しもいただかないままになっていますことを大変心苦しく思っています。私の作品集に掲載させていただきました折にも、もし、何かご存じの方がいらっしゃったらぜひともご連絡賜りたい旨、書き添えましたが、未だに伝のないままになっています。

　そんな事情にもかかわらず、心からこのお話に魅せられてしまった私は、どうしてもこれを音楽劇にしたいと思ったのです。この作品は本当に優れています。善と悪の対比が一貫して施され、しかも悪者はすでに、冒頭そのキャラクターを明確にするので、がっちりと観客の心を引きつけます。さらに善者であるはずの子どもたちも、「あれ？」と思わせるおちゃめな登場ぶりで、観客の興味はわくわくと高まり、加えて大人たちの脆弱さには、はらはらさせられます。クライマックスの対決シーンでは、子どもたちのセリフは悪への怒りであると同時に自分への省察ともなっていきます。自分たちがどう生きるべきかを、対決を通して自問自答するのです。終末は、悪が滅びるというお決まりの展開ではありますが、そこに観客はほっとし、改めてこの劇のいわんとする意味を考えるに至るのです。

　ただ、音楽劇をつくるにあたっては、このストーリーの骨子は生かしつつも、台本についてはかなりの手直しを加えました。テーマがテーマだけに、暗くシリアスになってしまいがちなため、あえて魔物たちにはコミカルさを加え（ワンパターンなせりふのくりかえし）、笑いを取る部分を盛り込み、魔物になった子どもたちも、楽しみながら活動できるようにしました。終末も、魔王が死に、魔界が滅びるというものだったのですが、魔王が子どもたちを信じ未来を託すという展開に変えました。

　発表以来、多くの学校で、音楽科の学習を超えた教材としてこの作品を扱ってくださっているとのこと、大変うれしく受け止めています。先生方のご工夫により、子どもたちの豊かな学びが展開されることを心から願っています。

●演奏のポイント

　主題歌「おそすぎないうちに」は、この台本の発掘よりも、さらに以前につくった、単独の合唱作品であり、実はまったく別物でした。ところがこの音楽劇の初演に際して、いっしょに子どもたちと活動をつくり上げた同僚から、このストーリーにふさわしい曲だからと、最後にこの曲を歌って、フィナーレを飾ってはどうかというアイディアをもらいました。

　実際に上演してみて、驚きました。最後にこの歌を歌った子どもたちには、「伝えたい」というオーラが溢れていて、つまり「おそすぎないうちに」の詞にこめた「この世で大切なもの」「この世で大切な人」といったキーワードが、この音楽劇とつながったときに、よりメッセージ性を高めることに気付かされたからです。その後、改訂を加え、対決場面でもこの歌の一部を引用し、歌と呪文の掛け合いという形にしてみました。

　お勧めなのはまず、「おそすぎないうちに」を単独で合唱教材として扱っておくことです。「今月の

音楽劇「魔界とぼくらの愛戦争」指導のために

歌」のような形で愛唱歌として扱ってもいいですし、簡単な合唱ですので、二部合唱の導入教材としても扱うことができます。つまり、これは題材の時数外とします。

　活動の導入で、この歌がでてくる劇だと伝えますが、先に台本を紹介せず、まず挿入歌のみを示して、登場人物を把握し、曲想の違いからそのキャラクターを理解します。歌を覚えながら、どんなお話なのか想像したり、なぜ「おそすぎないうちに」がでてくるのか予想したりします。興味関心が高まったら台本を読みます。その際、このストーリーの根底に流れる、自然愛、人間愛にぜひ触れてください。学年に応じて扱い方は違うと思いますが、魔物や子どものセリフの中に、教材性のあるキーワードがたくさん含まれています。そこをじっくり読みとれるか否かで、劇活動が単なるお楽しみに終わるか、メッセージ性をもつ表現活動になるのかが決まるように思います。

　さて、挿入歌ですが、「じゃんじゃん捨てよう」の歌は、「じゃんじゃん」「どんどん」「ぽいぽい」という言葉がキーワードです。マルカート気味に、はっきりと歌ってみてください。

　「ゆっくりとじっくりと」の歌は、暗めに、深い声を出してみてください。「よわいものさ〜悪口をささやけ」までは、魔王のソロでもいいと思います。「どうせ地球なんて」は、投げやりに歌う、という、通常の学習では滅多に経験できない歌い方を楽しんでみてください。

　また、これらの歌は、登場人物ごとに配してみました。歌いながら役作りに入れるよう、それぞれ「はずんで」「どっしりと」「たいはいてきに」と書き添え、キャラクターの対比を明確にできるようにしてみました。

●**指導のポイント**

　活動ではまず、子どもたちをグルーピングし、「魔物グループ」「子どもグループ」「大人グループ」の三つに、大体同じくらいの人数ずつ分けます。そのあとは、なるべくグループごとの活動で進行します。1はだれ、2はだれ、というのも、そのグループで決めて、読み合わせるうち、自然に動きが出てきます。教師はよいアイディアをほめたり、他のグループに紹介したりします。最後の対決の場面をのぞいては、歌も含め、グループごとに活動が成立するので、できたら発表し合えば完成です。

　なお、対決シーンだけは全員で活動します。出番のない大人グループは「監督チーム」になって演技を見守り、アドバイスをするようにします。そうやってみんなでつくりあげていく時間を大事にしたいです。そして最後の「おそすぎないうちに」は、ぜひ大人グループも加わって、全員で合唱できるようにするといいと思います。

音楽劇『魔界とぼくらの愛戦争』《M.3》

どうせ地球なんて
(斉唱)

作詞・作曲　中山真理

© 1994 by Mari Nakayama
© 2005 assigned to ONGAKU NO TOMO SHA CORP., Tokyo, Japan.

音楽劇『魔界とぼくらの愛戦争』《M.4》

おそすぎないうちに
(二部合唱)

作詞・作曲　中山真理

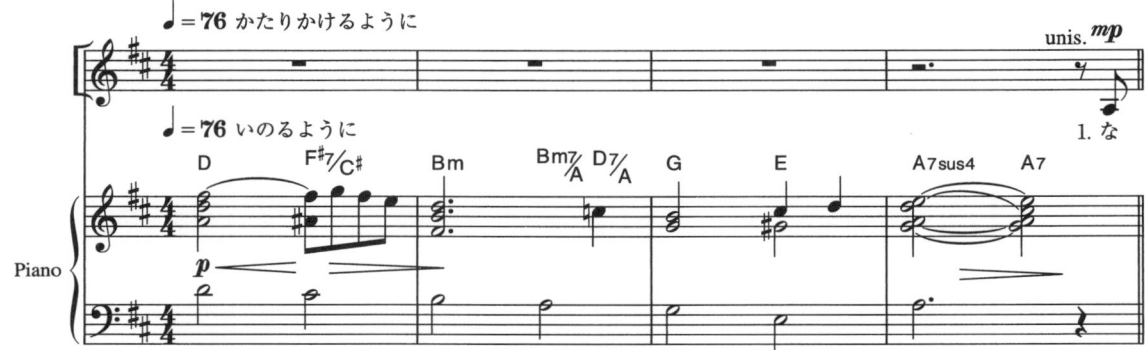

© 1994 by Mari Nakayama
© 1997 assigned to ONGAKU NO TOMO SHA CORP., Tokyo, Japan.

17
だん あまりに み ぢかすぎてー き にも とめていな い かも
た りまえと き めつけててー い ると うたがわな い かも
Em7 A7 F#m7 Bm Bm7/A Em-5 A7 D DM7 D7
21
いまあるー す べ てのものはー あたりまえなん かじゃなくー
いきてるー す べ てのひとはー なんとなくなん かじゃなくー
Em7 A7 A7/G F#m7 Bm Em7 A7 D D7
25
いまあるー す べ てのものがー きせきてきにあ る としたらー
いきてるー す べ てのひとがー ぎりぎりいきて る としたらー
Em7 A7 A7/G F#7 Bm G E7 A7sus4 A7
29
div. お
きみはどうやっ てそれをー ま も る だ ろう ー
きみはどうやっ てそれをー あ い す だ ろう ー
G A A7/G F#7 Bm Em7 A7 D D7

そ すぎない一う ち に一 ま にあう一 いまのうち に
おそすぎ おそ すぎないうちに まにあういまの う ちに で
G C♯/G♯ F♯m B7 B7/A Em7 A7 D D7
うまれて一 一こられた一 おれいに
きるかぎりのことをしよう一 う まれて こ られた お れいに
G F♯7 F♯7/A♯ Bm Bm/A G GM7/F♯ Em7 A7sus4
D G A A7/G F♯ Bm Bm7/A G E
1. unis. 2.
2. な
1. A7sus4 A7aug. 2. A7 A7sus4 A7 D rit. Gm/D Gm6/D D

音楽劇
『魔界とぼくらの愛戦争』（全一幕　全六場）

原作：不詳
作詞・作曲：中山真理

〈キャスト〉
ナレーター
魔王／魔物1／魔物2／魔物3
ニュースキャスター1／ニュースキャスター2／姉／弟
通行人1／通行人2／通行人3／よっぱらい1／よっぱらい2
子ども1／子ども2／子ども3／子ども4

ナレーター　　　暗い　暗い　地の底で　今　何かが起きようとしているのを　君たちは知っているか。

第一場　［壇上・魔界］

　　　　　　　　魔王を囲んで、魔物たち。
(S.E.1)　　　〈魔界をあらわす音〉
　　　　　　　　呪文〈アブラカダブーラ〉繰り返す
魔王　　　　　（呪文の途中で）やめーっ。皆のもの、よーくきくがよい。
魔物全　　　　ははーっ。
魔王　　　　　三千年もの眠りを破り、今、我々魔界が地球を征服するときがやってきたのだ。
魔物全　　　　その通りでございます。
魔王　　　　　人間どもは、文明の発達などとぬかしながら、自然を次々破壊している。
魔物全　　　　その通りでございます。
魔王　　　　　あれもほしい、これもほしいと欲張り、争いばかり起こしている。
魔物全　　　　その通りでございます。
魔王　　　　　愚かな人間どもよ。我々の思うつぼ。さあ、ものども、作戦を開始せよ。
魔物全　　　　おーっ。
　　　　　　　　呪文〈アブラカダブーラ〉
　　　　　　　　（繰り返す中、暗転）

第二場　［壇下・人間界］

　　　　　　　　姉弟、テレビを見ている。
(S.E.2)　　　〈テレビの効果音〉
　　　　　　　　（テレビ画面から）今日の特集です。つい先日、自動料理機が発明されたというニュースです。
キャスター2　（テレビ画面から）ボタンひとつでパッパッと、生ごみはポイ捨て、お皿は使い捨て。なんて便利なんでしょう。

姉	へえ、自動料理機ですって。うちなんて、テレビも新しいのに買い換えてないのに。あーあ、液晶テレビ、ほしいなあ。
弟	そういえば、けんちゃんなんて、形が古くなったからって、もう新しい靴を買ってもらってさ。ぼくの靴を見て、そんな形の古いの履いて、恥ずかしくないのっていうんだよ。
姉	そうよ。今は少しお金を出せば、何だって買える、便利な世の中なのよ。古くなったら、じゃんじゃん捨てればいいのよ。

《M.1》歌「じゃんじゃん捨てよう」

じゃんじゃん捨てよう
少し古くなったら
じゃんじゃん捨てよう
新しく買い換えよう
どんどん便利なものが出てくる
どんどん素敵な　新商品！
じゃんじゃん捨てよう
ゴミ箱にぽいぽいと
じゃんじゃん捨てよう
そして次のを買おう！

第三場　［壇上・魔界］

　　　　　　　　　魔王を囲んで、魔物たち。

(S.E.1)	〈魔界をあらわす音〉
魔王	うむ、なかなか順調。心を汚すこの薬、ちらっとまいたら、子どもまであの通り！　ぜいたくな生活をどんどん望めばいい。
魔物全	その通りでございます。
魔王	ぜいたくが起こす問題で、人間はいちころよ。
魔物1	空気は汚れ、病気が起こる。
魔物2	空気の汚れは雨と混じって酸性雨となり、
魔物3	森の木をどんどん枯れさせる。
魔王	愚かなものどもよ。森林が姿を消せば、人間の滅亡が待っているだけだというのに。
魔物1	魔王様、今やことは空気だけではありません。
魔物2	海も捨てられたごみや油に汚され、魚も海草も、どんどん死んでいるのです。
魔王	願ったりかなったり。自分で自分の首を絞め、やがて人間は息絶えるのだ。ふん、何が「緑の地球」だ！
魔物3	いやはやこれなら、我々が手を下さずとも……。

魔王	何を言うか！　いよいよ人間どもの心が、簡単に汚せるときが来たのだ。十分につらさを味わってもらおうじゃないか。ゆっくりと。じっくりと。
魔物全	ゆっくりと。じっくりと。

《M.2》歌「ゆっくりと　じっくりと」

　　　　　　　　ゆっくりと　　じっくりと
　　　　　　　　心を汚す種をまけ
　　　　　　　　ゆっくりと　　じっくりと
　　　　　　　　人間どもを惑わせろ
　　　　　　　　弱いものさ　人の心なんて
　　　　　　　　不安にさせろ　悪口をささやけ
　　　　　　　　ゆっくりと　　じっくりと
　　　　　　　　心を汚す種をまけ
　　　　　　　　ゆっくりと　　じっくりと
　　　　　　　　人間どもを惑わせろ

第四場　［壇下・人間界］

　　　　　　　街頭テレビを見る通行人。

(S.E.3)	〈臨時ニュースを告げる音〉
キャスター1	臨時ニュースです。本日早朝、千葉県で、大量の魚が死んでいるのが発見されました。その数、何万トン……。
キャスター2	ただいま入ったニュースです。新潟県の水田で、大量のタニシやザリガニが死んで浮かびました。えっ何？　秋田でも、岩手でも、高知県……、全国で起きています。
通行人1	どうなってるんだ、まったく。
通行人2	昨日の夜には北の海で、アザラシが大量に死んだというニュースが流れたし。
通行人3	それだけじゃない。世界中の会社で、けんかやいじめがたくさん起きている。
通行人1	みんな、仲間なんていらない、コンピュータさえあれば、何でも思い通りになるからさって。

　　　　　　　（二人で肩を組み、よろよろ歩いてくる）

よっぱらい1	こんな物騒な世の中、誰も信じられなくなってあたり前だよ。
よっぱらい2	今や地球は呪われた星さ。どうせもう長くはないんだ。
よっぱらい1	だからねー、もう、パッとやろう、パッと。
よっぱらい2	いいねえ、じゃ、もう一軒いってみよう。

　　　　　　　（二人、退場）

通行人1	呪われた星？　長くはない？	
通行人2	そうさ、だからみんな、自分勝手に、好きなことをすればいいのさ。	

《M.3》歌「どうせ地球なんて」

　　　　　　　　どうせ地球なんて
　　　　　　　　もう長くはないのさ
　　　　　　　　海も空気も　もう手遅れさ
　　　　　　　　人は当てにならない
　　　　　　　　みんな自分のことしか
　　　　　　　　考えちゃいない
　　　　　　　　どうせ地球なんて
　　　　　　　　もう長くはないのさ
　　　　　　　　人の心も　もう手遅れさ

第五場　［壇下・人間界］

　　　　　　子どもたち、座り込んでいる。
子ども1　　（駆け込んでくる）大変だ！　大人がみんな、おかしくなっちゃったよ。
子ども2　　そうなんだよ。いったいどうしたんだろう。けんかをしたり、よっぱらったり、部屋に閉じこもったり……。
子ども3　　（しばらく考えてから）このままじゃいけない。大人はみんな悪口を言い合って、何も一緒にやろうとはしないんだ。
子ども4　　僕ら子どもだけでも、力を合わせなくちゃ。
姉　　　　どうしてなのか。どうしたらいいのか。
弟　　　　一緒に考えよう。

魔王（声）　いいか子どもたちよ、よーく聞け。もうすぐ地球は俺たちの手に落ちる。今や地球は我々魔界の手に。
魔物全（声）　その通りでございます。

子ども1　　……今の声は何？
子ども2　　魔界？　俺たちの手に落ちる？
子ども3　　悪い夢さ。（ほほをつねって）痛い！　夢じゃない……。
子ども全　　夢じゃない……。
子ども4　　（思いついたように）そうだ、ここ数日、世界中でいろんなことが起こっているよね。みんなに共通しているのは……

子ども全	自然の仕返し？
姉	人間が長い間自然を破壊し続け、自然の怒りをかったのかも。
弟	人間は、木を切り、海を汚し、空気さえ汚してきた。
子ども1	何のため？
子ども全	豊かでぜいたくな暮らしがしたいから。
子ども2	世界中のあちこちで、ものも食べられずに死んでいく子が、何十万人もいるのに。
姉	私は、まだ見られるテレビを捨てたがっていた。
弟	僕は友達の新しい靴を、うらやましがっていた。
子ども3	薬もなく、注射もなく、治療もしてもらえず、命を落とす子、
子ども4	学校にも行けずに、働かなくてはならない子、
子ども全	二億五千万人！
子ども1	自分たちのぜいたくばかりを追いかけて、
子ども2	その陰で自然は壊され、たくさんの人たちが犠牲になっているんだよ。
子ども3	僕たちは、みんな何かを見失っていたんだ。
子ども4	さあ、今からでも遅くはない。自然を、人々を愛する心を、とりもどそう。
弟	この地球を、魔界なんかに渡すもんか。
姉	みんなの気持ちを一つに集めて、愛を持って、魔界に立ち向かおう。
子ども全	おそすぎないうちに。間に合う、今のうちに。

《M.4》歌「おそすぎないうちに」

なくしてしまってから
その大切さに気付いて
くやんだり かなしんだりしても
おそすぎるよ
もしかしたら いちばん
この世で大切なものは
ふだん あまりに 身近すぎて
気にも 留めていないかも
今ある 全てのものは
当たり前なんかじゃなく
今ある 全てのものが
奇跡的にあるとしたら
きみは どうやって
それを 守るだろう
おそすぎないうちに
間に合う今のうちに

できるかぎりのことをしよう
生まれてこられたお礼に

第六場　［壇上・魔界］

　　　　　　　　　　魔王を囲んで，魔物たち。
(S.E.1)　　　〈魔界をあらわす音〉
魔王　　　　はっはっはっ、人間なんて愚かなものよ。
魔物全　　　その通りでございます。
魔王　　　　自分たちが、どれほどの罪を犯してきたか、など、気にも留めず、情報にただおろおろして……。心を汚す薬をまいたら、もうあのざまよ。

魔物1　　　（駆け込んできて）魔王様、魔王様、大変です。子どもたちが大勢やってきました。
魔王　　　　何だと？
子ども1　　（駆け込んできて）やい、魔物たち。僕らの大切な人たちの、温かい心を返せ。
子ども全　　返せ、返せ！
魔物2　　　何のことだ、しらねえなあ。
子ども2　　とぼけてもだめだ。僕らはおまえたちの征服を、阻止する！
魔王　　　　何をなまいきな。
魔物3　　　とっとと帰れ、帰れってんだ。
子ども3　　帰るもんか！　……今ならまだ間に合うんだ。

《M.4》歌「おそすぎないうちに」

　　　　　　　おそすぎないうちに
　　　　　　　間に合う今のうちに

魔物1　　　（歌をさえぎるように）うーっ。気分の悪い歌だ。
魔王　　　　ものども、呪文だ。
　　　　　　呪文〈アブラカダブーラ〉（繰り返す）

弟　　　　　僕たちは間違っていたんだ。自分のことしか考えず、わがまま放題。
姉　　　　　家の人たちにも、ついさからって、ねだってばかりいた。
子ども4　　でも、心を失った大人を見ていて、僕らにとって、どんなに大切な人たちだったかに気付いたんだ。
子ども全　　ひきさがるわけには、いかないんだ！

魔物2	ふん、そんなこと言って、ぜいたくな暮らしは捨てられるのかい？
魔物3	古い靴は、いやだったんじゃないのかい？
魔物1	おまえらだって、大人になれば、愛だの感謝だのって言葉は、忘れるのさ。
魔物2	自分だけよければいい人間になるんだよ。
子ども1	僕らはぜいたくに埋もれて、間違った豊かさに心を流されてきたんだよ。
子ども2	本当の豊かさは、心の中に生きるものだったんだ。
子ども3	本当の豊かさは、支え合う人々と、ともに生きることなんだ。
子ども4	大人も子どもも、どんな人も、
姉	愛を持って、
弟	愛を持って、
子ども全	愛を持って……。

呪文と歌（「おそすぎないうちに まにあう今のうちに」の部分のみ）の掛け合い。
はじめは魔物たちの呪文が強く歌い、だんだん子どもたちの歌が強くなっていく。

(S.E.4)	〈魔物が倒れる音〉
魔王	……わかったよ、子どもたち。俺は身勝手な人間に、あきれていたんだ。でも、おまえたちならできる。緑の地球を、通い合う心を、きっと守り通していくだろう。
魔物全	（驚いて）魔王様！ （はっとして）その通りでございます。
子ども1	大人になっても、ぜったいに忘れないよ。
子ども2	本当の豊かさは、心の中に生きるもの。
子ども3	自然のおかげで、人は生きていけるんだ。
子ども4	友達のおかげで、心が豊かになれるんだ。
姉弟	決して忘れない！
全員	決して忘れない！

（オールキャスト、登場）

《M.4》歌「おそすぎないうちに」

1. なくしてしまってから
   その大切さに気付いて
   くやんだり かなしんだりしても
   おそすぎるよ
   もしかしたら いちばん
   この世で大切なものは
   ふだん あまりに 身近すぎて

　　　　気にも　留めていないかも
　　　　今ある　全てのものは
　　　　当たり前なんかじゃなく
　　　　今ある　全てのものが
　　　　奇跡的にあるとしたら
　　　　きみは　どうやって
　　　　それを　守るだろう
　　　　おそすぎないうちに
　　　　間に合う今のうちに
　　　　できるかぎりのことをしよう
　　　　生まれてこられたお礼に

2.　　なくしてしまってから
　　　　その温かさに気付いて
　　　　くやんだり　かなしんだりしても
　　　　おそすぎるよ
　　　　もしかしたら　いちばん
　　　　この世で大切な人は
　　　　当たり前と　決めつけてて
　　　　いる　と　疑わないかも
　　　　生きてる　全ての人は
　　　　何となくなんかじゃなく
　　　　生きてる　全ての人が
　　　　ぎりぎり生きてるとしたら
　　　　きみは　どうやって
　　　　それを　愛すだろう
　　　　おそすぎないうちに
　　　　間に合う今のうちに
　　　　できるかぎりのことをしよう
　　　　生まれてこられたお礼に

［完］

profile

中山真理　なかやま・まり

東京学芸大学音楽科卒業。在学時より作曲を学ぶ。小学校教員として勤務の傍ら児童合唱曲の作詞・作曲に取り組む。代表曲に「Smile Again」「あなたにありがとう」「帰りの会のサンバ」「ねえ歌おう」などがあり、学級歌や集会・行事の歌として全国の小学校で広く歌われている。合唱曲のほかに「ごんぎつね」「おおきなかぶ」などの音楽物語や音楽劇作品の作曲にも取り組み、学習発表会や校内音楽会などに欠かせない作品となっている。
東京都小学校音楽教育研究会研究部長、東京学芸大学附属世田谷小学校教諭などの職を経て、現在は教職を辞し、全国各地での音楽教育活動に携わっている。

〈主な作品〉
合唱曲集「Message 小学生のための合唱曲集」、合唱曲集「Smile Again 集会・行事のための小学生の合唱曲集」他【以上音楽之友社】

小学生のための音楽劇・物語集　スーホの白い馬／魔界とぼくらの愛戦争

2009年 3 月 31 日　第 1 刷発行
2024年 5 月 31 日　第12刷発行

作詞
作曲　　中 山 真 理

発行者　　時 枝　正

発行所　　株式会社 音楽之友社
東京都新宿区神楽坂6-30
電話 03(3235)2111(代)　〒162-8716
振替 00170-4-196250
https://www.ongakunotomo.co.jp/

828410

© 2009 by ONGAKU NO TOMO SHA CORP., Tokyo, Japan.
落丁本・乱丁本はお取替いたします。
Printed in Japan.

楽譜制作：ホッタガクフ
印刷：平河工業社
装画＝セキユリヲ (ea)
装丁＝辻 祥江 (ea)